# Dunkle Psychologie erkennen und abwehren

Wie Sie emotionale Beeinflussung in der Partnerschaft und im Beruf erkennen, eine Persönlichkeitsstörung und Lügen entlarven und Manipulationstechniken gekonnt abwehren

Martina Richter

Alle Ratschläge in diesem Buch wurden sorgfältig erwogen und geprüft. Eine Garantie kann dennoch nicht übernommen werden. Eine Haftung des Autors beziehungsweise des Verlags für jegliche Personen-, Sach- und Vermögensschäden ist daher ausgeschlossen.

# INHALT

# Das erwartet Sie in diesem Ratgeber

Fühlen Sie sich manipuliert und hintergangen? Vertrauen Sie Menschen zu leicht und lassen sich von ihnen blenden? Haben Sie das Gefühl, Sie geraten immer an die falschen Menschen und werden am Ende von deren Kaltherzigkeit überrascht? Oder haben Sie einen Manipulator ertappt und wollen sein Verhalten nachvollziehen? Dann haben Sie beim Kauf dieses Ratgebers die richtige Entscheidung getroffen.

Eine dunkle Seite lauert in vielen Menschen. Sie nutzen psychologische Tricks, um die Menschen in ihrer Umgebung zu manipulieren und gegeneinander auszuspielen. Sie benutzen Menschen kaltherzig, um ihre eigenen Ziele zu erreichen, und verspüren dabei selten Reue oder Bedauern. Auch Sie haben schon Erfahrungen mit gefühlskalten Menschen gemacht und wollen das Verhalten nachvollziehen? Dieser Ratgeber soll Ihnen Antworten auf all Ihre Fragen rund um das Thema der dunklen Psychologie geben. Sie erfahren alles über die dunkle Seite der Psychologie. Was sie ausmacht und wie sie Menschen mit einer dunklen Seite erkennen.

Sie werden die dunkle Triade der Persönlichkeit kennenlernen und anhand von Beispielen verstehen. Denn erst, wenn Sie verstanden haben, was eine Person mit einer dunklen Seite so gefährlich macht, wissen Sie, warum man diesen Personen möglichst aus dem Weg gehen sollte. Doch nicht immer werden Sie eine dunkle Persönlichkeit sofort erkennen. Meist zeigen sie erst nach Jahren ihr wahres Gesicht. Deswegen wird dieser Ratgeber Ihnen helfen, die Anzeichen zu erkennen, dass in Ihrem engeren Umfeld eine Person mit dunklen Eigenschaften schaltet und waltet. Sie werden einen Einblick in die Täuschungs- und Manipulationstechniken bekommen und auch lernen, wie Sie Lügen und Beeinflussung durch andere aufdecken. Im letzten Kapitel des Ratgebers werden Sie lernen, wie

Sie selbst mithilfe psychologischer Tricks erfolgreich verhandeln und andere überzeugen können.

# Die dunkle Seite verstehen

## WAS VERSTEHT MAN UNTER DER DUNKLEN SEITE?

Bevor Sie lernen, die Strategien praktisch umzusetzen zu können, müssen Sie erst einmal verstehen, was die dunkle Seite der Psychologie ausmacht. Sie müssen verstehen, welche Eigenschaften der dunklen Seite zugeschrieben werden, um diese erkennen zu können. Sowohl sozial als auch moralisch fragwürdiges Verhalten wird meist dunklen Persönlichkeitseigenschaften zugeordnet. Personen, bei denen diese Persönlichkeitseigenschaften stärker ausgeprägt sind, fallen meist durch manipulatives, egoistisches, eigennütziges oder gefühlskaltes

Verhalten auf. Allerdings sind meist nicht alle Eigenschaften der dunklen Seite gleich stark ausgeprägt. Gemeinsam haben jedoch meist alle eine geringe Empathie und wenig Verständnis sowie eine ausgeprägte Gefühlslosigkeit. Obwohl viele der dunklen Eigenschaften eher negativ konnotiert sind, stehen sie oft in Verbindung mit beruflichem Erfolg.

In den letzten Jahren haben Wissenschaftler psychologische Tests entwickelt, anhand derer dunkle Persönlichkeitseigenschaften bestimmt werden können. Dennoch ist es vor allem bei manipulativen Personen schwierig, ein gültiges Testergebnis zu erfassen. Beobachtungen und Gespräche sind deswegen genauso wichtig, um die dunkle Seite einer Person aufdecken zu können.

## WIE ENTSTEHT SIE?

Sie haben nun einen groben Überblick, welche Eigenschaften und welches Verhalten die dunkle Seite der Persönlichkeit ausmacht. Doch wie entsteht sie? Haben Menschen mit dunklen Persönlichkeitseigenschaften selbst viel Leid erfahren müssen oder sind diese Eigenschaften vererbt worden?

Auf diese Fragen gibt es nicht nur eine einzige

Antwort, es sind nämlich mehrere Faktoren dafür verantwortlich, dass wir eine dunkle Seite entwickeln. Welche genau das sind, stelle ich Ihnen nun vor.

## AKTUELLE FORSCHUNGSERGEBNISSE

Um zu verstehen, warum eine Person dunkle Persönlichkeitseigenschaften besitzt, beschäftigen sich Forscher und Wissenschaftler im Bereich der Psychologie schon länger mit den Entstehungsbedingungen bestimmter Charakteristiken der Persönlichkeit. Was jedem klar sein sollte, ist, dass es nicht das eine Erlebnis gibt, dass bei jeder Person dazu führt, dass sie eine dunkle Persönlichkeit entwickelt. Vielmehr ist es ein Zusammenspiel aus genetischen, biologischen und umweltbedingten Faktoren, welches zur Ausprägung dunkler Charakterzüge führt. Ein Modell, dass die Entwicklung einer dunklen Persönlichkeit bis hin zu einer Persönlichkeitsstörung gut erklärt, ist das Vulnerabilitäts-Stress-Modell. So geht das Modell davon aus, dass manche Menschen biologisch bedingt eine höhere Verletzlichkeit, an einer psychischen Störung zu erkranken, aufweisen als andere. Genetisch angeborene Persönlichkeitstemperamente, wie starke Impulsivität oder Sensibilität, können dazu führen, dass eine Person vulnerabler oder anfälliger ist für die Entwicklung einer psychischen Störung. In der Kindheit und Jugend können dann stressvolle Belastungen, wie negative Erziehungsstile der Eltern oder der Tod eines Elternteils, die Entwicklung einer psychischen Erkrankung weiter begünstigen. Hat eine Person zu-dem wenig positive Erlebnisse, wenig vertraute Bezugspersonen und ist sie auch sonst eher wenig positiv geprägten Umweltbedingungen ausgesetzt, kann sich eine psychische Störung manifestieren.

Bei der Entwicklung bestimmter Persönlichkeitseigenschaften und auch möglicherweise -störungen geht man von genetischen Komponenten aus, die die Wahrscheinlichkeit für die Ausprägung bestimmter Persönlichkeitsmerkmale erhöhen. Anhand wissenschaftlicher Studien konnten Forscher belegen, dass eineiige Zwillinge ähnlichere Charaktereigenschaften aufweisen als zweieiige Zwillinge. Dies bedeutet, dass genetische Faktoren die Entstehung der Persönlichkeit beeinflussen. Würden zweieiige Zwillinge eine genauso starke Ähnlichkeit bezüglich der Persönlichkeitseigenschaften aufweisen, wäre dies vor allem auf die Umweltbedingungen zurückzuführen. Dennoch kann nicht davon ausgegangen werden, dass eine dunkle Persönlichkeit über Generationen hinweg existiert. Nicht jeder Mensch mit einer genetischen Komponente für dunkle Persönlichkeitseigenschaften entwickelt diese auch. Hier muss wieder das Vulnerabilitäts-Stress-Modell beachtet werden.

Denn neben der genetischen Komponente haben auch Umwelteinflüsse einen Ein-fluss auf die Entwicklung von Persönlichkeitseigenschaften. Forscher geben an, dass Trennungs- und Verlusterlebnisse, Vernachlässigung und Misshandlung in Kindheit und Jugend dazu führen können, dass eine Person eine dunkle Persönlichkeit entwickelt. Ist sie zum Beispiel Misshandlungen oder einem negativen Erziehungsstil langfristig ausgesetzt, so kann dies den Umgang mit eigenen Gefühlen und den Umgang mit den Gefühlen anderer sowie die Beziehungsgestaltung zu anderen Personen nachhaltig beeinflussen. Besonders bei Menschen, die narzisstische Züge aufweisen, wie etwa, sich andauernd in den Mittelpunkt stellen zu müssen, könnten fehlende emotionale Wärme, unzureichende Grenzfestlegung und die Verknüpfung von Erfolg und Anerkennung in der Kindheit zur Manifestation der Persönlichkeitseigenschaften geführt haben. Sie erhielten nur Lob, Wärme und Liebe, wenn sie etwas besonders Großartiges geleistet hatten, und stellen sich dementsprechend auch im Erwachsenenalter als besonders großartig oder besonders dar, um Anerkennung zu erhalten. Dennoch muss beachtet werden, dass die Entwicklung der Persönlichkeit bei jedem Menschen von ei-genen Erlebnissen und Erfahrungen beeinflusst wird. Jede Person bringt eine individuelle genetische Ausstattung und auch Widerstandsfähigkeit mit, die dazu führt, dass eine Person beim Erleben einer belasteten Situation eine dunkle Persönlichkeit oder eine Depression entwickelt oder auch psychisch gesund bleibt.

Wissenschaftler und Forscher gehen davon aus, dass die Persönlichkeitsentwicklung erst mit dem 16. Lebensjahr zum größten Teil abgeschlossen ist. Die Diagnose der Persönlichkeitsstörung, die Sie im Verlauf des Ratgebers noch kennenlernen werden, wird deswegen auch nicht vor dem 16. Lebensjahr vergeben.

# Der dunkle Kern der Persönlichkeit

Der dunkle Kern der Persönlichkeit bildet sich allgemeinen im Verhalten eines Menschen ab. Der dunkle Kern besteht aus der Tendenz, den eigenen Nutzen zu maximieren und dabei keinerlei Rücksicht auf die Gefühle und Bedürfnisse anderer Menschen zu nehmen. Auf Kosten anderer schlagen sie einen Vorteil für sich selbst heraus. Sie sehen sich selbst als besonders wichtig und überlegen an. Dies bedeutet aber nicht, dass Menschen mit einem dunklen Kern nicht auch gut mit anderen kooperieren können. Um Sanktionen zu vermeiden oder ihren Ruf zu schützen, gelingt es ihnen meist ausgezeichnet, mit anderen zusammenzuarbeiten.

Natürlich ist der dunkle Kern der Persönlichkeit nicht bei allen Menschen gleich stark ausgeprägt. Auch bestimmte dunkle Persönlichkeitszüge, wie Manipulation, Lügen oder Gefühlskälte, sind bei der einen Person mehr ausgeprägt als bei der anderen. Dennoch stehen dunkle Persönlichkeitseigenschaften im Zusammenhang miteinander. Das bedeutet, wenn Sie eine Person treffen, die sehr manipulativ ist, dann ist die Wahrscheinlichkeit größer, dass diese Person auch häufig lügt. So stehen auch die drei bedeuteten dunklen Persönlichkeitszüge in Verbindung miteinander. Dabei handelt es sich um Narzissmus, Machiavellismus und Psychopathie, auch bekannt als die dunkle Triade der Persönlichkeit. Sie werden nun diese drei Eigenschaften genauer kennenlernen und auch lernen, wie Sie diese bei Personen identifizieren können.

## DIE DUNKLE TRIADE

Vielleicht ist Ihnen der Begriff der dunklen Triade bereits begegnet. Es handelt sich dabei um drei gut erforschte Persönlichkeitseigenschaften, die das Ziel gemeinsam haben, eigene Ziele und persönliche Erfolge auf Kosten anderer zu erreichen.

**Narzissmus:** Beschreibt die Eigenschaft, sich selbst als wertvoller, wichtiger, besser und toller einzuschätzen, als man eigentlich ist. Narzissten weisen einen überhöhten Ich-Anspruch auf, sind sehr selbst-zentriert und fallen durch eine überzogene positive Selbstbeurteilung auf. Sie nehmen wenig Rücksicht auf die Gefühle anderer Personen und verletzten andere schnell emotional.

Sie sind selbst mit sich und ihrem Leben zufrieden, wollen jedoch zu jeder Zeit von anderen bewundert werden. Auf den ersten Blick kann ein Narzisst sogar sympathisch wirken, da er meist sehr charismatisch und charmant auftritt. Er ist sehr rede-gewandt und zieht die Aufmerksamkeit magisch an. Doch mit der Zeit wird deutlich, dass er das alles nur für sich selbst tut und die Aufmerksamkeit und Bewunderung für sein Ego braucht.

Abfällige Bemerkungen kann ein Narzisst innerlich genauso wenig ertragen wie Kritik. Nach außen hin wirkt er jedoch immun jeden jegliche Art von Kritik. Obwohl viele dieser Eigenschaften als negativ gelten, können sie sich im gesunden Maße auch positiv auswirken und einen im Job voranbringen.

**Machiavellismus:** Umfasst die Eigenschaften nach Macht, Größe und Einfluss zu streben. Machiavellisten sind zynisch, egoistisch und manipulativ. Um ihre eigenen Ziele zu erreichen, ist ihnen jedes Mittel recht. Sie entwickeln Strategien und taktische Vorgehensweisen, um Macht und Einfluss zu erlangen. Da sie in der Lage sind, Empathie zu zeigen, gewinnen sie schnell das Vertrauen anderer Personen und bauen sich so ein Netzwerk auf, aus dem sie nur profitieren können. Andere durch ihre Taten zu verletzen, nehmen sie in Kauf und gehen Freundschaften und Beziehungen meist nur dann ein, wenn sie für sie von Nutzen sind.

Sie nutzen ihre Mitmenschen oft aus und manipulieren diese. Durch ihre geschickte Selbstdarstellung fällt es ihnen leicht, Kontakte zu knüpfen und Menschen für sich einzunehmen. Wie ein Chamäleon ist der Machiavellist in der Lage, sich flexibel an neue

Situationen anzupassen und seine schlechten Charaktereigenschaften zu tarnen. Es ist deswegen oft schwer, ihn zu entlarven.

**Psychopathie:** Ist wohl die dunkelste der drei Eigenschaften. Psychopathen sind skrupellose, egoistische und manipulative Lügner. Sie empfinden keine Reue und sind sehr gefühlskalt. Ihnen fehlt meist die Fähigkeit zur Empathie, sodass sie Menschen ausnutzen und keine Rücksicht auf emotionale Konsequenzen ihrer Handlungen nehmen. Ein moralisches Gewissen haben sie nicht.

Sie halten durch ihre charmante Art oberflächliche Beziehungen aufrecht, die dazu dienen, eigene Ziele zu erreichen. Dennoch fehlen ihnen meist langfristige, realistische Ziele und das Ausnutzen und Manipulieren von Menschen benutzen sie gegen aufkommende Langeweile. Psychopathen sind oft kriminell und in Strafvollzugsanstalten anzutreffen. Bereits im Jugendalter geht Psychopathie mit delinquentem und kriminellem Verhalten einher. Im Gegen-satz dazu sind „erfolgreiche Psychopathen" meist in Führungspositionen zu finden.

# WIE ERKENNT MAN DUNKLE PERSÖNLICHKEITEN?

Nun wissen Sie, was eine dunkle Persönlichkeit ausmacht und welche Eigenschaften der dunklen Triade der Persönlichkeit zuzuordnen sind. Menschen mit diesen Eigenschaften sind über längere Zeit oft schwer im Umgang und oft wünscht man sich im Nachhinein, man hätte die Anzeichen erkannt.

Deswegen erfahren Sie nun, wie man eine dunkle Persönlichkeit erkennt und ihr nutzenorientiertes Verhalten entlarven kann. Sie müssen lernen, genau zuzuhören und zu beobachten, um mögliche Anzeichen wahrnehmen und zwischen den Zeilen lesen zu können.

1. Eine Person **wechselt oft die Beziehungen und Freundschaften**, da sie sich schnell langweilt, diese bereits ausgenutzt oder manipuliert hat.

2. **Oberflächliche Beziehungen**. Es fällt ihr, schwer tiefgründige Beziehungen zu führen. Lieber hat sie viele und wechselnde Kontakte.

3. **Der charmante Gentleman**. Durch die charmante Art halten sie Beziehungen aufrecht.

4. **Wechselnde Sexualpartner**. Nach der Eroberung sind sie gelangweilt und wollen weiter-ziehen.

5. Eine Person **entschuldigt sich nicht**. Sie verspürt keine Reue und kann Fehler nicht einsehen.

6. **Kontrolle behalten**. Sie muss die Entscheidungen treffen.

7. **Wenig Empathie**. Die Person kann sich wenig in andere hineinversetzen.

8. **Ehrgeiz**.

9. **Übersteigertes Selbstwertgefühl**. Die Person hält sich für etwas Besonderes und hat einen überhöhten Ich-Anspruch.

10. **Lügen**.

Eine bekannte Filmfigur, die laut dem australischen Psychologen Peter Jonason ein Paradebeispiel für eine dunkle Persönlichkeit darstellt, ist Bond. James Bond.

Denn, obwohl er unzählige Frauenherzen höher-schlagen lässt, stehen seine Feinde für ihn an erster Stelle. Ohne Rücksicht auf die Gefühle seiner Mitmenschen zu nehmen, tut Bond alles, um seine Ziele zu erreichen. Er ist nur an seinem eigenen Vorteil interessiert und geht wortwörtlich über Leichen, um dieses zu erreichen. Trotzdem ist der charmant, charismatisch und höflich. Er weiß, sich zu benehmen und die Frauenherzen mit Geschick zu erobern. Er weist eine gefährliche Kombination aus Manipulation, Skrupellosigkeit und Eigensinn auf, die der dunklen Triade zu-zuordnen ist.

**Bonds Narzissmus**: teure Autos und Anzüge, zieht Aufmerksamkeit an, redegewandt.
**Bonds Machiavellismus**: taktische Vorgehensweise, stark auf Ziel gerichteter Fokus, flexibel an neue Situationen anpassbar.
**Bonds Psychopathie**: Seine „Lizenz zum Töten" stellt die skrupellose Art dar, Menschen aus dem Weg zu schaffen, die ihm beim Erreichen seines Ziels hindern.

Eine solch klare Zuordnung und Reinform der dunklen Triade gibt es jedoch meist nur in Hollywood-filmen. In der Realität ist sie sehr selten anzutreffen. Es ist deswegen wichtig, die Anzeichen zu beachten, jedoch nicht voreilig Schlüsse zu ziehen.

## WIE GEHT MAN MIT DUNKLEN PERSÖNLICHKEITEN UM?

Wenn Sie nun eine Person kennen sollten, die viele der Eigenschaften aufweist oder Sie vielleicht sogar auch schon skrupellos und kaltherzig ausgenutzt hat, wie sollten Sie mit ihr umgehen? Im folgenden Kapitel werden Sie lernen, was Sie im Umgang mit Menschen mit einer dunklen Persönlichkeit beachten sollten.

**Narzissmus:**

1. **Behutsamer Umgang**: Personen mit narzisstischen Persönlichkeitseigenschaften sind sehr empfindlich. Kritik muss deswegen behutsam und vorsichtig geäußert werden. Versuchen Sie, Ihre Kritik in Form präziser Ich-Botschaften zu formulieren. „Ich leide darunter, wenn du Verabredungen nicht einhältst".

2. **Nicht mit Entschuldigungen rechnen**. Eine Person mit narzisstischen Zügen, kann sich nicht eingestehen, dass sie einen Fehler gemacht hat. Das passt nicht in ihr grandioses Selbstbild.

3. **Bitten, nicht fordern**: Sie sollten nicht damit rechnen, dass eine narzisstische Person auf Ihre Bitte eingeht. Dennoch sind Bitten meist erfolgreicher als Forderungen.

4. **Fokus behalten**: Narzissten lenken meist gut vom Thema ab und versuchen, ihre eigenen Ziele und Bedürfnisse in den Vordergrund zu stellen. Behalten Sie den Fokus und lassen Sie sich nicht von Ihren Zielen abbringen.

5. **Kommunikationsfähigkeiten stärken**: Machen Sie sich bewusst, was Sie mit Ihrer Kommunikation erreichen wollen. Sprache ist Macht.

6. **Sachliche Fakten darstellen**: Der Narzisst versucht, sich selbst oft in eine „Opferrolle“ zu drängen. Machen Sie ihm anhand sachlicher Fakten klar, wieso dies nicht der Fall ist.

7. **Schützen Sie Ihre eigenen Grenzen**: Für einen Narzissten existieren keine Regeln und Grenzen. Er ist der Meinung, er steht über allem. Sie sollten deswegen auf nichts eingehen, das Ihre eigenen Grenzen und Moralvorstellungen übersteigt.

8. **Abstand halten**: Wenn Ihnen alles zu viel werden sollte, gehen Sie auf Abstand. Man kann einen Narzissten nicht ändern.

9. **Das Ego füttern**: Sollte man in einer bestimmten Situation keine Möglichkeit haben, dem Narzissten aus dem Weg zu gehen oder Abstand zu halten, dann hilft es, sein Ego mit Komplimenten zu füttern. Obwohl das schwerfallen kann, ist dies besser, als zur Zielscheibe der narzisstischen Aggression zu werden.

10. **Machen Sie sich klar, dass Problem liegt nicht bei Ihnen**: Menschen mit narzisstischen Zügen werden mit Ihnen nicht auf Augenhöhe kommunizieren, da sie sich für etwas Besonderes und Besseres halten.

**Machiavellismus:**

1. **Prüfen Sie Aussagen auf ihren Wahrheitsgehalt**: Der Machiavellist ist sehr zielstrebig und manipulativ. Schützen Sie sich, indem Sie seine Aussagen auf ihr Wahrheitsgehalt prüfen.

2. **Hinterfragen Sie seine Absichten**: Eine machiavellistische Person sagt Ihnen alles, was Sie hören wollen, um Ihre eigenen Ziele zu erreichen. Sie sollten sich deswegen fragen, welche Ab-sicht hinter seinem Verhalten steckt.

3. **Lassen Sie sich nicht blenden**: Denn im Gegensatz zum Psychopathen und Narzissten können Sie sehr empathisch wirken.

4. **Nicht nachgeben**: Machiavellisten sind verhandlungsstark. Machen Sie ihm Ihre Haltung und Position deutlich. Verärgern Sie ihn jedoch nicht.

5. **Bleiben Sie freundlich und bestimmt**: Machen Sie sich nicht zur Zielscheibe, indem Sie in Gesprächen trotzig reagieren. Durch freundliche und bestimmte Kommunikation vermitteln Sie ihm, dass Sie auf derselben Ebene kommunizieren.

6. **Schlagfertigkeit**: Sich gegen die Manipulation des Machiavellisten mit Schlagfertigkeit wehren, zielt darauf ab, Distanz zu schaffen und Ihnen ein paar Sekunden zum Nachdenken zu geben und doch „Nein“ zu sagen.

7. **Schützen Sie Ihre eigenen Grenzen**: Auch für einen Machiavellisten existieren keine Regeln und Grenzen. Er ist der Meinung, er steht über allem. Sie sollten deswegen auf nichts eingehen, das Ihre eigenen Grenzen und Moralvorstellungen übersteigt.

8. **Abstand halten**: Auch hier gilt, wenn Ihnen alles zu viel werden sollte, gehen Sie auf Ab-stand. Man kann einen Machiavellisten nicht ändern.

9. **Das Ego füttern**: Sollte man in einer bestimmten Situation keine Möglichkeit haben, dem Machiavellisten aus dem Weg zu gehen oder Abstand zu halten, dann hilft es auch hier, sein Ego mit Komplimenten zu füttern.

10. **Machen Sie sich klar, dass Problem liegt nicht bei Ihnen**: Menschen mit machiavellistischen Zügen werden mit Ihnen nicht auf Augenhöhe kommunizieren.

**Psychopathie**:

1. **Vertrauen Sie Ihrem Bauchgefühl**: Kommt Ihnen Ihr Gegenüber bedrohlich vor, dann vertrauen Sie darauf und gehen Sie auf Abstand.

2. **Selbstbewusste Gestik und Mimik**: Psychopathen manipulieren selten Menschen mit einem selbstbewussten Auftreten.

3. **Zeigen Sie keine Schwäche**: Ein Psychopath konzentriert sich auf die Schwächen anderer, um diese ausnutzen zu können.

4. **Seien Sie vorsichtig**: Begeben Sie sich niemals auf dasselbe Level mit einem Psychopathen. Er ist Profi in dem, was er tut.

5. **Schützen Sie Ihre eigenen Grenzen**: Auch für einen Psychopathen existieren keine Regeln und Grenzen. Sie sollten deswegen auf nichts eingehen, das Ihre eigenen Grenzen und Moral-vorstellungen übersteigt.

6. **Reagieren Sie gelassen**: Der Psychopath langweilt sich schnell und wird vielleicht von Ihnen ablassen und sich eine Beschäftigung suchen.

7. **Bleiben Sie nicht allein**: Erzählen Sie Freunden oder Mitmenschen von der Problematik. Gemeinsam lässt es sich besser gegen einen Psychopathen vorgehen.

8. **Abstand halten**: Auch hier gilt, gehen Sie auf Abstand. Man kann einen Psychopathen nicht ändern.

9. **Anzeigen**: Zögern Sie nicht, die Taten des Psychopathen bei schweren Verstößen zu melden. Der Psychopath ist skrupellos. Es wird mit hoher Wahrscheinlichkeit wieder vorkommen.

10. **Machen Sie sich klar, dass Problem liegt nicht bei Ihnen**: Menschen mit psychopathischen Zügen werden mit Ihnen nicht auf Augenhöhe kommunizieren.

Zögern Sie nicht, sich Hilfe zu holen. Sie wissen nie, wie weit eine Person mit dunklen Persönlichkeits-eigenschaften gehen würde, um ihre Ziele zu erreichen. Die Mehrheit der Personen weist jedoch lediglich dunkle Persönlichkeitszüge auf. Eine Reinform einer dunklen Persönlichkeit ist sehr selten anzutreffen.

## DUNKLE PERSÖNLICHKEITEN IM ARBEITSUMFELD

In Ihrem Arbeitsumfeld werden Sie bestimmt Personen mit einer dunklen Persönlichkeit begegnen. Das Beste in solch einer Situation wäre sicherlich, auf Abstand zu gehen und die Person zu meiden. Doch gera-de im Büro und bei Teamarbeit stellt dies meist keine umsetzbare Lösung dar. Besonders in der Führungs-etage sind Personen mit machiavellistischen Persönlichkeitszügen häufig vertreten. Sie gelten als wettbewerbsorientiert und durchsetzungsstark.

Dieses kann auf den ersten Blick viele Vorteile für

ein Unternehmen bringen. Doch schaut man genauer hin, wird schnell deutlich, dass die Mitarbeiter unter solch einer Führung leiden. Die Managementfähigkeiten einer Führungskraft mit machiavellistischen Zügen werden meist im Verlauf als unzureichend beurteilt und die Mitarbeiter durch sein manipulatives Verhalten vergrault.

Auch Personen mit narzisstischen Persönlichkeitseigenschaften überzeugen vor allem in Bewerbungsgesprächen auf den ersten Blick. Erst mit der Zeit offenbart sich der wahre Charakter eines narzisstischen Kollegen oder Chefs. Sie zeigen ihr egoistisches, manipulatives Verhalten und Mitarbeiter, die mit ihnen zusammenarbeiten, sind meist schnell erschöpft und ausgebrannt. Um Machtkämpfe mit ihnen zu verhindern, klärt man bestenfalls im Vorhinein die Zuständigkeitsbereiche und steckt klare Grenzen ab. Da sie besonders schnell gekränkt sind und in diesem Zusammenhang auch zu Rachsucht neigen, sollte drauf geachtet werden, Vorwürfe und Drohungen zu vermeiden.

Auch Psychopathen können am Arbeitsplatz angetroffen werden. Die Zusammenarbeit beginnt meist ganz normal, doch im Verlauf zeigt sich das wahre Gesicht. Werte, Moral und Vereinbarungen existieren für ihn nicht. Er zeigt sich gefühlskalt, berechnend und herzlos. Auffällig ist, umso höher die Hierarchiestufe, desto häufiger weisen die Führungspersonen psychopathische Züge auf. In verschiedenen Studien wird hier von bis zu 20 % gesprochen. Meist ist es ein langer Weg, bis ein Psychopath im Arbeitsumfeld enttarnt wird und schlussendlich das Unternehmen verlassen muss. Auch hier gilt es als hilfreich, sich einer vertrauten Arbeitskollegin oder sogar der Personal-verteilung anzuvertrauen. Lassen Sie sich von ihm nicht isolieren und handeln Sie konsequent.

10 allgemeine Tipps, die Sie beachten sollten, wenn Sie in Ihrem Arbeitsumfeld eine Person mit dunklen Persönlichkeitszügen antreffen:

1. **Kritische Vorfälle genau dokumentieren.**
2. **Sich einer Bezugsperson anvertrauen.**
3. **Sich nicht isolieren lassen.**
4. **Grenzen aufzeigen.**
5. **Seien Sie sich Ihrer eigenen Stärken bewusst.**
6. **Lassen Sie sich nicht auf Spiele ein.**
7. **Bei unangenehmen Themen eine Pause einlegen.**
8. **Selbstbewusstsein zeigen.**

**9. Auf der sachlichen Ebenen bleiben.**

**10. Versuchen Sie, auf Distanz zu bleiben und Abstand zu wahren.**

## DUNKLE PERSÖNLICHKEITEN IN DER PARTNERSCHAFT

Obwohl sich besonders Personen mit dunklen Persönlichkeitseigenschaften schwertun, Beziehungen einzugehen, sehnen sich besonders Narzissten nach Liebe und Anerkennung. Doch ist eine dunkle Persönlichkeit überhaupt in der Lage, jemand anderen zu lieben? Und wie sollten Sie mit einem Partner oder einer Partnerin umgehen, der/die Persönlichkeitszüge der dunklen Triade aufweist? Kann eine Beziehung über-haupt funktionieren?

Auf letztere Frage gibt der Psychotherapeut Claas-Hinrich Lammers eine klare Antwort: „Das hängt ganz von der eigenen Leidensfähigkeit ab“. Eine Beziehung mit einem Narzissten, Machiavellisten oder auch Psychopathen kann kräftezehrend und anstrengend sein. Meist merken viele Menschen gar nicht, dass sie eine Beziehung mit einer Person mit dunklen Persönlichkeitszügen eingehen. Liebe macht bekanntermaßen blind. Aber bei diesen Anzeichen sollten Sie genauer hinter die Fassade Ihres Partners blicken:

**1. Er/ Sie ist besessen, zu gewinnen. Alles ist ein Wettbewerb.**
**2. Er/Sie hat eine geringe Frustrationstoleranz.**
**3. Er/ Sie hat Geheimnisse.**
**4. Er/Sie will die Macht haben.**
**5. Er/Sie lügt.**
**6. Ihretwegen/Seinetwegen vernachlässigen andere soziale Kontakte.**
**7. Er/ Sie ist sehr charmant.**
**8. Er/ Sie hat keine Moral.**
**9. Er/Sie kennt keine Grenzen.**
**10. Er/Sie droht häufig, die Beziehung zu beenden.**

**Einen Narzissten als Partner**

Da Narzissten gern im Mittelpunkt stehen und viel Aufmerksamkeit benötigen, suchen sie sich eher ei-ne Partnerin, die weniger selbstbewusst und eher unsicher durch das Leben geht.

Als Partnerin müssen Sie sich Ihrem narzisstischen Partner unterwerfen. In der Beziehung werden Sie viele Demütigungen und Wut-anfälle ertragen. Er wird von Ihnen viel Verständnis verlangen, aber Ihnen selbst keines entgegenbringen. Den Gedanken, Ihren narzisstischen Partner ändern zu können, sollten Sie aus Ihrem Kopf verbannen, denn das wird nicht passieren. Ein Narzisst lässt sich nicht ändern.

Dennoch kann eine Beziehung mit einem Narzissten auch Vorteile mit sich bringen: Es wird nie langweilig werden, Sie werden viele neue Leute kennenlernen, er ist ein guter Beschützer und macht tolle Geschenke, um sich selbst in den Mittelpunkt zu rücken. Doch durch die massiven Schwierigkeiten im Umgang mit narzisstischen Menschen ist eine Partnerschaft meist von Problemen geprägt, die letztendlich zur Trennung führen. Eine Trennung von einem narzisstischen Partner ist meist besonders schwer, da er das „Verlassen werden" als persönliche Kritik an seiner selbst empfindet. Eine Trennung nagt noch Jahre später an seiner Würde und seinem Selbstwertgefühl. Er wird versuchen, mit allen Mitteln eine Trennung zu verhindern. Eine über Jahre aufgebaute emotionale Abhängigkeit wird jetzt besonders deutlich. Sie müssen stark bleiben und sich nicht von ihm einwickeln lassen.

### Einen Machiavellisten als Partner

Da sich Machiavellisten besonders gut tarnen können, können Jahre vergehen, bis Sie Ihren Partner entlarven. Sie stellen sich über ihre Partnerin und manipulieren sie. Das wahre Gesicht des Machiavellisten wird nach und nach durch unmoralisches, eigennütziges Verhalten aufdeckt.

Da er sehr machtgierig ist, kann es auch vorkommen, dass er seine Partnerin stark kontrolliert. Eine Beziehung mit ihnen besteht aus vielen Tiefen, aber auch Höhen. Meist ist seine Partnerin gefangen in einem Teufelskreis aus Liebe und Leid. Es kann deswegen sehr lange dauern, bis Sie den Entschluss fassen, sich letztendlich von Ihrem Partner mit machiavellistischen Zügen zu trennen. Besonders starke Frauen mit einem ausgeprägten Selbst-wertgefühl werden sich von ihm trennen wollen. Bei einer Trennung von ihm sollten Sie darauf achten, emotionale Abhängigkeiten zu durchbrechen und die Absichten seines Verhaltens zu hinterfragen. Auch wollen sie meist mit ihrem Ex-Partner aus praktischen Gründen befreundet bleiben.

### Einen Psychopathen als Partner

Psychopathen sind zu Beginn einer Beziehung oft schwer zu durchschauen. Sie sind wahre Meister darin, ihre Partnerin mit Geschenken und auch sexuell zu verwöhnen. Die Eroberung einer Frau ist für ihn ein faszinierendes und aufregendes Spiel. Hat er Sie jedoch erobert, ändert sich sein Verhalten meist schnell. Er will sich überlegen fühlen und fängt an, Dinge zu verheimlichen.

Er möchte für nichts die Verantwortung tragen, möchte Sie kontrollieren und wird schnell aggressiv und auch übergriffig. Spätestens jetzt sollten Ihre Alarmglocken schrillen. Sollten Sie sich von Ihrem Partner mit psychopathischen Zügen trennen wollen, sollten Sie ein paar Dinge beachten. Er wird weder Schuld noch Reue für die Taten empfinden, die Sie ihm vorwerfen. Er wird sich auch für nichts entschuldigen. In seiner Vorstellung sind Sie sein Eigentum, dass er nach Lust und Laune benutzen kann. Er selbst sieht sich als eine Person an, die andere verlässt und nicht von seiner Partnerin verlassen wird. Er wird alles dafür geben, Sie bei ihm zu behalten. Dies kann bis hin zu Drohungen führen. Er wird versuchen, Sie in ein schlechtes Licht zu rücken, um so nicht selbst als Verlierer dazustehen. Vertrauen Sie sich deswegen möglichst einer Bezugsperson an oder holen Sie sich professionelle Hilfe. Ein Psychopath ist gewieft und wird nichts unversucht lassen, Sie bei sich zu behalten. Bleiben Sie stark und machen Sie sich bewusst, dass er keine Empathie und Moral besitzt und deswegen durchaus gefährlich werden kann.

Karin, 51, berichtete in einem Interview mit einer Zeitschrift über ihre Beziehung mit einem Psychopathen:

*„Nach zwei Monaten machte er mir einen Heiratsantrag.“* Ich sei die Frau seines Lebens. In den folgenden Monaten habe ich vieles ignoriert, das weiß ich heute. Wäre ich bei klarem Verstand gewesen, hätte es mich stutzig machen sollen, dass ich andere Männer nicht einmal ansehen durfte. Dann fürchtete er schon um unsere große Liebe, wie er mir beschwörend erklärte. *Er selbst flirtete auf Teufel komm raus* mit der Bedienung im Restaurant. Als ich ihn daraufhin ansprach, sagte er, das sei doch totaler Quatsch, das würde ich völlig falsch sehen. Mich hätte auch stutzig machen müssen, dass er mich ausnahm wie eine Weihnachts-gans. *Ich durfte alles bezahlen*, obwohl wir beide gleich viel verdienten, er als Versicherungskaufmann, ich als Medienberaterin. Er hatte im Restaurant einfach kein Geld dabei und es war ihm nie peinlich. Und ich hätte auch merken müssen, dass er meine Freunde vergraulte, einen nach dem anderen.“ Im Interview mit der „Idee für mich“.
Verfügbar unter: https://www.idee-fuer-mich.de/leben/aus-dem-leben/verliebt-in-einen-psychopathen-4050.html.

# BERÜHMTE PERSONEN MIT DUNKLEN PERSÖNLICHKEITS-EIGENSCHAFTEN

Vielen erfolgreichen und kreativen Persönlichkeiten werden dunkle Persönlichkeitseigenschaften zugesprochen. Vielleicht haben Sie selbst schon von Gerüchten und Anschuldigungen gehört. In diesem Kapitel werden Ihnen Persönlichkeiten vorgestellt, von denen behauptet wird, sie weisen dunkle Charaktereigenschaften auf.

Diese Zitate stehen jedoch in keinem Zusammenhang mit einer diagnostizierten Persönlichkeitsstörung und dienen Ihnen nur zur Veranschaulichung der Störungsbilder. Versuchen Sie einmal, an-hand der Erzählungen zu erraten, welche dunkle Eigenschaft die Person verkörpert.

„Stellen Sie sich diesen Chef vor: Er hat eine perverse Begierde, andere herunterzumachen. Seine Wutanfälle sind legendär. Aussagen wie „Du Arschloch, du machst alles falsch“ kommen stündlich vor. Empathie fehlt ihm zur Gänze. Mit Charme wickelt er Leute ein, wenn es für ihn opportun ist. Er ignoriert die Realität und beansprucht für sich, jemand Besonderer zu sein. Moral zählt nicht. Skrupellos betrügt er seinen besten

Freund. Gleichzeitig ist er höchst charismatisch. Nach einer Insead-Studie ist dieser Mann der erfolgreichste Manager aller Zeiten: Steve Jobs.“ (Johannes Steyrer, derstandard.at, 07.06.2014). Psychopathie

„Im Falle des Präsidenten ist es ganz offensichtlich, dass es sein psychologisches Bedürfnis ist, unverwundbar wie Superman zu erscheinen. Um so eine grandiose Fassade aufrechtzuerhalten, ist jemand mit einem so schwachen Ego sogar dazu bereit, das Leben von anderen zu opfern. Jeden wachen Moment in seinem Leben fragt er sich, wie kann ich die Leute dazu bringen, mich zu bewundern. Weil ich sonst nicht atmen kann. So besessen ist er davon. Es ist hart, sein Leben so führen zu müssen.“ (Dr. Ramani Durvasula über Trump, deutschlandfunk.de, 14.10.2020). Narzissmus

„Die Faszination des starken, charismatischen Herrschers ist nie erloschen. Er redet seinem Volk ein, dass er Wunder vollbringen kann, dass er die Nation vertritt. Das machen [...] [sie] geschickt. Indem sie sich ein virtuelles Über-Ich zulegen, erscheinen sie mehr, als sie tatsächlich sind. Sie sind Retter und Problemlöser – das kommt in unserer immer komplexeren Welt gut an. Und wenn man mit diesem Charisma gesegnet ist, ist man auch niemandem mehr Rechenschaft schuldig. […] Machiavellismus suggeriert Potenz, Wehrhaftigkeit. Das Machohafte gehört zur machtvollen Selbstdarstellung dazu, wie zum Beispiel die Bilder […] [des einen] mit nacktem Oberkörper. All das soll die Botschaft von Macht und Kraft vermitteln.“ (Gudrun Dometeit, über Putin und Erdoğan, Fokus Magazin online, Politik und Gesellschaft, 26.03.2017). Machiavellismus

# Persönlichkeitsstörungen

Persönlichkeitseigenschaften der dunklen Triade weisen viele Menschen auf. Doch nur wenige weisen dabei eine ausgeprägte Persönlichkeitsstörung auf. Doch was versteht man unter einer Persönlichkeitsstörung und wie viele Menschen weisen eine dunkle Persönlichkeitsstörung auf? Antworten auf diese Fragen erhalten Sie in diesem Kapitel.

Unter einer Persönlichkeitsstörung versteht man eine psychische Störung, die mit einer veränderten Persönlichkeitsstruktur einhergeht. Menschen mit einer Persönlichkeitsstörung zeigen in Beziehungen und auch alltäglichen Situationen ein unangepasstes Verhalten. Dieses besteht über die Zeit und verschiedene Situationen hinweg. Im Laufe der Zeit entsteht dadurch bei der betroffenen Person ein Leidensdruck.

Die Diagnose der Persönlichkeitsstörung wird selten vor dem 16. Lebensjahr vergeben, da sich bis zu diesem Alter die Persönlichkeit eines Menschen immer noch weiterentwickelt. Persönlichkeitsstörungen, die mit Eigenschaften der dunklen Triade im Zusammenhang stehen, sind die narzisstische Persönlichkeitsstörung und die dissoziale Persönlichkeitsstörung.

**Häufigkeit und Geschlechterverteilung**

In Deutschland leiden circa 8 % der Erwachsenen an einer Persönlichkeitsstörung. Frauen sind dabei genauso häufig betroffen wie Männer. Eine Ausnahme bildet die dissoziale Persönlichkeitsstörung. Männer sind von dieser Störung bis zu dreimal häufiger betroffen als Frauen. Die dissoziale Persönlichkeitsstörung komme bei circa 3 % der deutschen Männer und bei 1 % der deutschen Frauen vor. Betrachtet man die narzisstische Persönlichkeitsstörung so leiden bis zu 2,5 % der deutschen Männer und Frauen unter dieser Persönlichkeitsstörung. Da beide Störungen relativ selten in der Bevölkerung vorkommen, wird von Psychologen und Psychiatern oft der Begriff der Persönlichkeitsakzentuierung verwendet, wenn nicht das voll aus-geprägte klinische Störungsbild vorliegt.

## WAS VERSTEHT MAN UNTER EINER NARZISSTISCHEN PERSÖNLICHKEITSSTÖRUNG?

Bei einer narzisstischen Persönlichkeitsstörung weisen die Betroffenen die Merkmale des Narzissmus der dunklen Triade auf. Sie sind wenig empathisch, Überschätzen ihre eigenen Fähigkeiten und streben nach Aufmerksamkeit und Anerkennung. Sie übertreiben, lügen, täuschen, manipulieren und reagieren intensiver als andere Menschen auf Kritik und Zurückweisung.

Bei einer narzisstischen Persönlichkeitsstörung sind die Merkmale jedoch so stark ausgeprägt, dass die betroffene Person selbst darunter leidet. Sie kann sich nicht gut an äußere Lebensumstände anpassen. Ihr ausgeprägtes Verlangen nach Anerkennung und Bewunderung steht ihr dabei meist im Weg. Die narzisstische Persönlichkeitsstörung liegt also dann vor, wenn eine Person ausgesprochen stark ausgeprägte narzisstische Persönlichkeitszüge aufweist und unter diesen leidet. Doch nicht immer legen Narzissten ihre Charakterzüge offen. Neben den offenen Narzissten, die ihre Grandiosität und vermeidliche Überlegenheit offenlegen, gibt es auch die verdecken Narzissten. Sie sind freundlich, großzügig und hilfsbereit. Doch dies dient nur dazu, sich selbst durch ihre altruistischen Taten ins rechte Licht zu rücken.

Auch kann Narzissmus durch Verletzlichkeit, Verschlossenheit geprägt sein. Im Gegensatz zu den grandiosen Narzissten, die ihren überhöhten Ich-Anspruch offenlegen, fällt die Diagnosestellung bei verdeckten, verletzlichen Narzissten schwer. Meist gehen mit einer narzisstischen Persönlichkeitsstörung weitere psychische Störungen wie Essstörungen, Depressionen und der Missbrauch von Drogen einher. Eine narzisstische Persönlichkeitsstörung ist eine ernst zu nehmende Erkrankung und kann bei unzureichender Behandlung schwerwiegende Folgen mit sich bringen.

# WIE ERKENNT MAN EINE NARZISSTISCHE PERSÖNLICHKEITSSTÖRUNG?

Die Diagnose der narzisstischen Persönlichkeitsstörung wird in Deutschland nach dem „Internationalen Klassifikationssystem für psychische Störungen“ (ICD-10) gestellt. Das Buch enthält Kriterien, von denen eine bestimmte Anzahl erfüllt sein müssen, um die Diagnose der narzisstischen Persönlichkeitsstörung stellen zu können.

Die Diagnosestellung erfordert mehrere intensive Gespräche und auch testpsychologisches Material kann dabei zum Einsatz kommen. Sie als Laie sollten deshalb nicht anhand der Kriterien die Diagnose frei verteilen und andere abstempeln. Dennoch können Sie anhand der Kriterien abschätzen, ob eine Vorstellung bei einem Psychologen, Psychiater oder Psychotherapeuten in Betracht gezogenen werden sollte.

Folgende Kriterien werden zur Diagnose vorgeschlagen (ICD-10, S. 349):

1. **Größengefühl in Bezug auf die eigene Bedeutung** (z. B. Übertreiben der eigenen Leistung).
2. **Beschäftigung mit Fantasien über unbegrenzten Erfolg, Macht, Glanz, Schönheit o-der ideale Liebe.**
3. **Er/Sie ist überzeugt, besonders oder einmalig zu sein.** Nur Menschen, die ebenfalls besonders sind, können mit ihm zusammen sein oder ihn verstehen.
4. **Bedürfnis nach übermäßiger Bewunderung.**
5. **Unbegründete Erwartung besonders oder bevorzugt von anderen behandelt zu werden.**
6. **Ausnutzen anderer Menschen, um eigene Ziele zu erreichen.**
7. **Mangel an Empathie.**
8. **Neid.**
9. **Arrogantes, hochmütiges Verhalten.**

Allgemein muss das Verhalten über Situationen hinweg bestehen und sollte nicht sozial oder kulturell akzeptiert werden.

# WAS VERSTEHT MAN UNTER EINER DISSOZIALEN PERSÖNLICHKEITSSTÖRUNG?

Nachdem Sie die narzisstische Persönlichkeitsstörung kennengelernt haben, werden Sie nun auch Bekanntschaft mit der dissozialen Persönlichkeitsstörung machen. Die dissoziale Persönlichkeitsstörung wird auch antisoziale Persönlichkeitsstörung genannt. Wie der Name schon verrät, ist das Verhalten betroffener Personen durch Verantwortungslosigkeit und Manipulation geprägt.

Im Vordergrund stehen das Missachten und Verletzen der Grundrechte anderer. Wie auch Psychopathen zeigen Personen mit einer dissozialen Persönlichkeitsstörung keine Reue. Sie handeln sehr impulsiv, was sie gefährlich und undurchschaubar macht. Zudem weisen sie schnell aggressive Verhaltensweisen auf. So zerstören sie Eigentum anderer, stehlen oder misshandeln Tiere oder Menschen. Sie betrügen und täuschen, dabei können sie auch unter einem Decknamen versuchen, ihre Taten zu verschleiern. Menschen mit einer dissozialen Persönlichkeitsstörung sind Meister im Manipulieren und Lügen. Meist tun sie dies nur zum eigenen Vergnügen oder zum Erreichen eigener Ziele. Dissoziales Handeln wie das Quälen von Tieren, Mobbing in der Schule oder auch das Stehlen von Dingen kann bereits im Kindes- und Jugendalter vor der Diagnosestellung beobachtet werden. Auffällig ist auch, dass der Anteil an Menschen mit einer dissozialen Persönlichkeitsstörung in Strafvollzugsanstalten deutlich höher ist als in der Gesamtbevölkerung. Dennoch bedeutet dies nicht, dass jeder Mensch mit einer dissozialen Persönlichkeitsstörung automatisch straffällig und kriminell wird.

Oft geht eine dissoziale Persönlichkeitsstörung mit einem vermehrten Substanzgebrauch wie Alkohol oder auch Depression sowie Psychopathie einher. Im Gegensatz zum Psychopathen können Personen mit einer dissozialen Persönlichkeits-störung ihr Verhalten nicht so gut tarnen. Die anfangs charmante, zugewandte Art des Psychopathen weisen Personen mit einer dissozialen Persönlichkeitsstörung meist nicht auf. Dennoch gibt es viele Überschneidungen zwischen beiden Störungsbildern.

# WIE ERKENNT MAN EINE DISSOZIALE PERSÖNLICHKEITS-STÖRUNG?

Die Diagnose der dissozialen oder antisozialen Persönlichkeitsstörung wird wie die narzisstische Persönlichkeitsstörung in Deutschland nach dem „Internationalen Klassifikationssystem für psychische Störungen" (ICD-10) gestellt. Auch hier erfordert eine genaue Diagnosestellung mehrere intensive Gespräche und auch testpsychologische Untersuchungen.

Sie sollten die Vermutung, dass eine Person eine dissoziale Persönlichkeitsstörung aufweist, niemals leichtfertig aufstellen. Hinweise auf das mögliche Vorliegen dieser Störung können die ICD-10-Kriterien geben. Die Diagnose darf jedoch nur von geschultem Fachpersonal gestellt werden.

Folgende Kriterien werden zur Diagnose vorgeschlagen (ICD-10, S. 239f.):

**1. Gefühlskälte.**
**2.Andauernde, verantwortungslose Haltung, Missachtung von Normen.**
**3. Keine dauerhaften Beziehungen.**

**4. Sehr geringe Frustrationstoleranz.**

**5. Kein Schuldbewusstsein.**

**6. Beschuldigung anderer für eigenes Fehlverhalten.**

## IST EINE PERSÖNLICHKEITS-STÖRUNG BEHANDELBAR?

Ja, generell ist eine Persönlichkeitsstörung mit psychotherapeutischer Unterstützung behandelbar. Dennoch muss die erste Hürde des Aufsuchens von Hilfe erst einmal überwunden werden. Betroffenen fällt es oft schwer, sich Hilfe zu suchen oder Hilfe anzunehmen. Da eine Persönlichkeitsstörung eine ich-syntone Störung darstellt, merken Betroffene meist gar nicht, dass ihr Verhalten unangebracht ist. Ich-synton bedeutet, dass Betroffene ihre Impulse und Gefühle als zu sich selbst gehörend empfinden.

Sie fühlen sich im Ein-klang mit sich selbst und ihrer Umwelt. Meist suchen deswegen enge Angehörige oder vertraute Bezugspersonen nach Hilfe und Unterstützung, da sie durch die schwierigen Situationen mit der betroffenen Person selbst eigene psychische Probleme entwickelt haben. Da eine Persönlichkeitsstörung meist bereits über Jahre besteht, bevor

Betroffene sich Unterstützung suchen, nimmt auch die Therapie einen längeren Zeitraum in Anspruch. Obwohl die Betroffenen zu Beginn einer Therapie meist unmotiviert sind, können durch eine Therapie deutliche Verbesserungen beobachtet werden. So lernen sie, mit schwierigen und unangenehmen Gefühlen und Gedanken umzugehen und konkrete Verhaltensweisen zu modifizieren oder zu verändern. Auch zwischenmenschliche Beziehungen können thematisiert und bearbeitet werden. Eine Therapie kann die Persönlichkeit eines Menschen nicht verändern. Aber es können anhand bestimmter erlernter Techniken Alltagssituationen und belastende Konflikte besser gemeistert werden. Dadurch gelingt es der betroffenen Person, bessere Beziehungen zu Mitmenschen aufzubauen und aufrechtzuerhalten.

Liegt der Ursprung für die entwickelte Persönlichkeitsstörung in der Kindheit, so kann eine tiefenpsychologisch fundierte Therapie von Vorteil sein. Der Fokus der Therapie liegt darauf, traumatische und schwierige Beziehungen, die in der Kindheit erlebt wurden, zu analysieren und zu bearbeiten. Kognitiv-verhaltenstherapeutisch orientierte Therapieprogramme zielen hingegen auf soziales Fertigkeitstraining ab. Anhand von Rollenspielen oder

Gruppentherapie lernen Betroffene, welches Verhalten in bestimmten Situationen angemessen ist. Sowohl kognitiv-verhaltenstherapeutische als auch tiefenpsychologisch fundierte Verfahren weisen eine mittlere bis hohe Wirksamkeit auf.

Dennoch ist besonders die Behandlung der dissozialen Persönlichkeitsstörung schwierig, da Betroffene durch mangelnde emotionale Wärme und Empathie nicht in der Lage sind, eine vertrauensvolle Beziehung zum Therapeuten aufzubauen. Das innere Verlangen nach Macht und Gewalt lässt sich auch in einer Therapie nicht löschen. Doch können betroffene lernen, ihre Triebe besser zu kontrollieren, wenn sie es zulassen.

## SIE FINDEN SICH IN DEN BESCHREIBUNGEN WIEDER?

Sollten Sie nach Beschreibung der Störungsbilder das Gefühl haben, dass viele dieser Eigenschaften auch auf Sie zutreffen, sollten Sie sich Unterstützung suchen. Ein diagnostisches Gespräch bei einem Psychotherapeuten wird Klarheit schaffen. In der Regel werden diese auch von der Krankenkasse übernommen. Sie müssen sich weder für Ihren Verdacht und Ihr Verhalten schämen, noch müssen Sie Ihrem Arbeitgeber oder anderen Personen davon erzählen. Auch ein Psychotherapeut unterliegt der ärztlichen Schweige-pflicht, sodass nichts von Ihrem Gespräch mit ihm den Raum verlässt. Lediglich, wenn Sie für sich oder andere Personen eine Gefahr darstellen, ist ein Therapeut zum Handeln aufgefordert.

Sollten Sie sich jedoch nicht gleich trauen, einen Therapeuten aufzusuchen, vertrauen Sie sich einer Bezugsperson an. Meist kann es helfen, mit einer vertrauten Person zu reden und sich seinen Therapie-bezogenen Ängsten zu stellen. Auch im Internet gibt es viele verschiedene Hilfsangebote. Möglicherweise fällt es Ihnen auch einfacher, sich mit Gleichgesinnten auszutauschen. Neben zahlreichen Internetforen kann auch eine Gruppentherapie in Betracht gezogen werden. Eine psychische Erkrankung ist nichts, wofür man sich schämen sollte. Vor allem, wenn man bedenkt, dass circa jede vierte Person eine psychische Erkrankung aufweist.

# Dunkle Techniken der Psychologie erkennen

Sie wissen nun alles über die dunkle Triade der Persönlichkeit und die beiden dunklen Persönlichkeits-störungen. Sie wissen, dass dunkle Persönlichkeiten vor allem durch Manipulation, Lügen und ausbeuterischen Verhalten ihre eigenen Ziele durchsetzen. Doch wie gelingt es Ihnen, nachdem Sie eine dunkle Persönlichkeit erkannt haben, auch ihre Tricks zur Manipulation und ihre Lügen zu entlarven? In diesem Kapitel werden Sie genau darauf eine

Antwort bekommen. Sie werden lernen, wie Sie Lügen und Manipulation entlarven und selbst Überzeugungstaktiken anwenden. Meist ist dies gar nicht so einfach und bedarf ein bisschen Übung sowie Vertrauen in die eigenen Fähigkeiten.

## LÜGEN ENTLARVEN

Niemand wird gern angelogen und manipuliert. Doch manchmal ist es gar nicht so leicht, jemanden bei einer Lüge zu ertappen. Besonders Menschen mit dunklen Persönlichkeitszügen haben meist jahrelange Erfahrung im Bereich der Täuschung und Manipulation vorzuweisen. Es ist deswegen sehr schwer, ihre wahre Absicht zu durchschauen. Sie werden nicht so leicht nervös wie andere Menschen, wenn sie lügen.

Trotzdem können auch Sie lernen, auf welche Verhaltensweisen Sie achten sollten, um eine Lüge bei Ihrem Gegenüber zu entlarven. Wer nichts zu verbergen hat, der wird Ihnen im Normalfall eine einfache und kurze Antwort geben. Zum Beispiel auf die Frage, ob man etwas gestohlen hat, wird eine unschuldige Person eher mit einem klaren: „Nein“ antworten. Eine schuldige Person, die ihre Tat verschleiern will, wird meist anhand verschiedener Techniken und Taktiken den anderen von seiner Unschuld zu überzeugen versuchen.

Lügner beginnen ihre Antwort auf eine gestellte Frage oft, indem sie diese wiederholen. Das verschafft ihnen Bedenkzeit, wie sie ihre Lüge glaubhaft ausschmücken können. Sie können davon ausgehen, dass bei einer Antwortverzögerung von 5 Sekunden Ihr Gegenüber Sie anlügt. So lange braucht das Gehirn nämlich, um sich eine Lüge auszudenken. Den gleichen Hintergedanken verfolgen Lügner, wenn sie Antworten und Fragen im Verlauf des Gesprächs wiederholen. Zudem soll durch die Wiederholung das Gesagte unterstrichen und verdeutlicht werden. Auch nehmen Lügner oft Bezug auf frühere Lügen in einem solchen Gespräch. Sie verweisen dann auf eine frühere Antwort wie: „Ich habe Ihnen doch letzte Woche schon gesagt, dass ich die Brille nicht gestohlen habe." Aus seiner Sicht wiederholt er anhand der Bezugnahme lediglich eine frühere Lüge und täuscht sein Gegenüber dadurch nicht erneut. Eine weitere Taktik, an der Sie relativ schnell erkennen, ob Ihr Gegenüber Sie anlügt, ist Ablenkung. Versucht Ihr Gegenüber, auf eine einfache Frage sehr ausholend und umschweifend zu antworten, können Sie sich sicher sein, dass es versucht, seine eigentliche Tat zu vertuschen. Eine klare

Stellungnahme zu Ihrer Frage wird so vermieden.

Meist können Ihnen auch Mimik und Gestik verraten, ob Ihr Gegenüber Sie belügt. Da Personen mit einer dunklen Persönlichkeit meist viel Erfahrung im Belügen und Manipulieren haben, ist es besonders schwer, anhand ihrer Gesichtszüge zu erkennen, ob sie gerade lügen oder nicht. Sie haben gelernt, ihre Mimik und Gestik meist über Jahre hinweg zu kontrollieren. Mithilfe folgender Anzeichen gelingt es Ihnen vielleicht trotzdem, einen Meister der Lügen und Täuschungen zu entlarven:

1. **Häufiges Blinzeln**. Sie sollten aber wissen, wie oft eine Person in normalen Gesprächen blinzelt, um einen Vergleich ziehen zu können.

2. **Gerötete Wangen**. Erröten lässt sich kaum unterdrücken, deswegen ist es ein gutes Indiz, um eine Lüge zu enttarnen.

3. **Übermäßig viel Bewegung**. Bei plötzlicher Unruhe und Bewegung nach dem Stellen einer Frage sollten Sie wachsam werden. Es könnte mit der aufkommenden Nervosität beim Erzählen einer Lüge einhergehen.

4. **Ihr Gegenüber fängt an aufzuräumen**. Andere, mitunter gerade eigentliche unwichtige Tätigkeiten, werden während des Gesprächs durchgeführt. Möglicherweise aus Nervosität oder um abzulenken.

5. **Weit aufgerissene Augen**. Große aufgerissene Augen stehen für Überraschung, Angst und Panik. Ihr Gegenüber braucht dann meist kurz Zeit, um sich seine Antwort zurechtzulegen.

6. **Schwitzen, Zittern oder häufiges Schlucken**. Meist gehen beobachtbare körperliche Re-aktionen mit dem Lügen einher.

7. **Der Abstand wird vergrößert**. Menschen, die sich beim Lügen ertappt fühlen, fangen meist unbewusst an, den räumlichen Abstand zu ihrem Gegenüber zu vergrößern.

8. **Verschränkte Körperhaltung**. Viele Menschen nehmen beim Lügen unbewusst eine Abwehrhaltung ein. Sie verschränken die Arme oder wenden ihren Körper vom Gesprächspartner ab.

9. **Gestik und Mimik** stimmt nicht mit dem Gesagten

überein. Oft nickt der Gesprächs-partner, obwohl er klar und deutlich: „Nein“ sagt.

10. **Mimik stimmt nicht überein**. Augen und Mund sagen nicht dasselbe. Meist kann man am Lachen am besten erkennen, ob es die Person gegenüber ernst meint oder lügt. Lachen die Augen nicht mit, können Sie davon ausgehen, dass Ihr Gegenüber versucht, Sie zu täuschen.

11. **Zu viele Details**. Um glaubhafter zu erscheinen, schmücken sie ihre Lüge mit vielen kleinen, meist unnötigen Informationen aus.

Doch auch neben diesen Anzeichen, können Sie anhand der Körpersprache und -haltung erkennen, ob Ihr Gegenüber der Situation gerade lieber entfliehen würde. Ein gutes Indiz dafür ist die Fußstellung. Wer gerade aus einem Gespräch entkommen möchte, dreht meist die Fußspitzen Richtung Tür oder weg vom Gesprächspartner. Auch das unbewusste Wegdrehen des Körpers hin zur Tür kann ein Zeichen des Bedürfnisses nach Flucht sein. Zudem könnte auch der ständige Blick zur Tür ein Hinweis auf eine Lüge sein. Neben dem Fluchtinstinkt kann auch das Verstecken der

Hände unter dem Tisch oder in den Hosentaschen ein Anzeichen dafür sein, dass Ihr Gegenüber etwas zu verbergen versucht. Auch wer seine Füße über-kreuzt und anschließend nach hinten unter den Stuhl zieht, scheint etwas vor Ihnen verstecken zu wollen. Hat eine Person Angst, bei einer Lüge ertappt zu werden, so wird sie sich bei Blickkontakt schnell abwenden, da sie Angst hat, ihre Blicke könnten sie verraten.

Dennoch müssen Sie immer beachten, dass solche Anzeichen auch immer den spezifischen Umständen einer Situation geschuldet sein können. Wenn Ihr Gegenüber gerade Feierabend machen wollte, dann ist es kein Hinweis auf eine Täuschung, wenn er anfängt, seinen Arbeitsplatz noch aufzuräumen, bevor er nach Hause geht. Auch sollten Sie die Person, die Sie der Lüge verdächtigen, schon länger kennen. Denn nur, wenn sie abweichendes Verhalten von ihren alltäglichen Verhalten zeigt, ist dies auch Hinweis auf eine Lüge. Zum Beispiel kann eine Person generell sehr unruhig sein und sich viel bewegen oder auch ängstlich sein, sodass sie im Allgemeinen wahrscheinlich sich eher Richtung Tür drehen würde. Sie müssen Ihr Gegenüber in alltäglichen Situationen beobachten und sein Verhalten kennen, um Aufschluss über sein Verhalten beim Erzählen von Lügen und Täuschungen zu entlarven.

## TECHNIKEN DER MANIPULATION ERKENNEN

Meist beschreibt der Begriff der Manipulation die gezielte Einflussnahme auf das Denken und Verhalten anderer Menschen. Die Einflussnahme erfolgt verdeckt und wird deswegen oft negativ bewertet. Besonders Menschen mit dunklen Persönlichkeitseigenschaften manipulieren andere aus egoistischen und eigennützigen Motiven.

Da ihre eigenen Ziele im Vordergrund stehen und sie in Kauf nehmen, dass andere Personen dabei verletzt werden, führen die verwendeten Manipulationstechniken oft zu einem negativen Ergebnis für die manipulierte Person. Vielleicht sind auch Sie schon einmal auf einen Manipulator hereingefallen? Oder Sie wollen sich schützen, indem Sie sich über das Vorgehen gerissener Manipulatoren informieren? Dann gibt Ihnen dieses Kapitel die Möglichkeit, Manipulationstechniken und -strategien kennenzulernen und sich vor diesen zu schützen.

Die einfachste und wahrscheinlich auch beste Möglichkeit, sich vor einem Manipulator zu schützen, ist das Hören auf Ihr eigenes Bauchgefühl. Ihnen kommt eine Situation komisch vor? Es fällt Ihnen schwer, einer Person zu vertrauen? Dann gehen Sie besser auf Abstand. Viele Manipulationstechniken funktionieren, indem Ihnen ein schlechtes Gewissen gemacht wird oder Sie auf andere Weise verunsichert werden. Treten Sie jedoch selbstbewusst und sicher auf, so fällt es einem Manipulator schwer, Sie zu verunsichern und von seinen Ideen zu überzeugen. Sie sollten deswegen im ersten Schritt lernen, sich selbst zu vertrauen und in sich zu ruhen.

Doch manchmal fällt es auch der selbstsichersten Person schwer, einen Manipulator zu durchschauen und ihrem Bauchgefühl zu vertrauen. Manipulatoren wenden geschickte Strategien an, um ihr gewünschtes Ziel zu erreichen. Deswegen kann es von Vorteil sein, die 10 am meisten verwendeten Manipulationsstrategien zu kennen, um einen Manipulator und seine Absicht von Anfang an zu durch-schauen.

### 1. Das Gegenseitigkeitsprinzip

Das Prinzip der Gegenseitigkeit ist fest im Kern des Menschen verankert. Tut uns jemand einen Gefallen, so haben wir das Gefühl, wir müssten ihm auch einen Gefallen tun. Ein Manipulator kann genau dieses

Prinzip hervorragend ausnutzen.

Er erfüllt Ihnen einen kleinen Gefallen und nutzt Ihr schlechtes Gewissen aus, um einen noch viel größeren Gefallen von Ihnen einzufordern. Es wird Ihnen schwerfallen, diese Bitte von ihm abzulehnen, da Sie das Gefühl haben, ihm etwas schuldig zu sein. Ein einfaches Beispiel hierfür findet man im Restaurant. Legt der Kellner eine Süßigkeit neben die Rechnung, fällt das Trinkgeld meist höher aus.

**2. Fuß-in-der-Tür-Prinzip**

Auch bei diesem Prinzip wird der Manipulator Sie um einen kleinen Gefallen bitten. Dieser kann Sie augenscheinlich ganz harmlos in eine Richtung lenken und dient als Türöffner. Sie werden ihm danach viel leichter einen größeren Gefallen tun, da wir Menschen zur Konsistenz neigen. Es fällt Ihnen schwer auszusteigen. Bittet er Sie zum Beispiel, sich eine Präsentation für ein wichtiges Meeting ein paar Tage vorher noch einmal anzusehen, so ist die Wahrscheinlichkeit größer, dass Sie auch ja sagen, wenn er Sie anschließend fragt, ob Sie die Präsentation mit ihm zusammen halten könnten. Wichtig hierbei ist es, auf Ihr Bauchgefühl zu hören, sich kurz Zeit zu nehmen und genau zu überlegen, ob Sie das wirklich machen wollen.

**3. Knappheit**

Ein Manipulator kann Sie gekonnt unter Druck setzen, in dem er behauptet, etwas wäre limitiert oder knapp. Bei Entscheidungen zum Beispiel durch limitierte Zeit oder Anzahl von Plätzen. Sie werden intuitiv schneller „Ja" sagen als ohne diesen Druck.

Das Prinzip wird natürlich vor allem oft in der Werbung genutzt, in denen limitierte Editionen angeboten werden. Hören Sie auf Ihre eigenen Bedürfnisse, lassen Sie sich nicht unter Druck setzen und haben Sie kein schlechtes Gewissen, auch „Nein" zu sagen.

**4. Das Spiel mit der Angst**

Ähnlich wie man mit Limitationen Druck ausüben kann, kann man auch Angst ausnutzen, um Druck zu erzeugen. Versucht Ihr Gegenüber mit Sätzen wie: „Morgen kann es bereits zu spät sein.", oder „Könnten Sie sich, das wirklich verzeihen, wenn Sie jetzt nichts unternehmen?", ein panisches und ängstliches Gefühl bei Ihnen auszulösen, so wird er vermutlich darauf abzielen, Ihnen unter Zeitdruck und Angst eine Entscheidung zu entlocken. Auch hier gilt, lassen Sie sich in Ruhe alles durch den Kopf gehen und treffen Sie keine übereilten Entscheidungen.

### 5. Der sympathische Freund

Diese Technik beruht auf dem psychologischen Prinzip, dass es uns schwerfällt, einem Menschen, der uns selbst sehr ähnlich und sympathisch ist, einen Wunsch abzuschlagen.

Ein Manipulator nutzt dies aus, indem er vorgibt, ähnliche Interessen wie Sie zu haben und auch Ihre Körpersprache spiegelt. Er wird Sie so leichter überzeugen, ihm einen Gefallen zu tun. Auch hier gilt, alleinig das Wissen über dieses Prinzip verleitet Sie dazu, seine Hobbys und Interessen kritisch zu hinterfragen. Sollte Ihnen eine Situation komisch oder unangenehm vorkommen, dann schauen Sie einmal, ob Ihr Gegenüber Ihre Körperhaltung und -signale spiegelt. Ein typisches Beispiel hierfür sind Verkäufer, die beiläufig erwähnen, dass sie dieselben Hobbys wie der potenzielle Käufer besitzen.

### 6. Das Autoritäten-Prinzip

Manipulatoren nutzen und erwerben Titel, um glaubhaft und vertrauensvoll zu erscheinen. So hinter-fragt man seltener sein Urteil, denn er ist ein Experte. Er versucht mithilfe seines Titels oder Expertenstatus, falsche Argumente glaubhaft klingen zu lassen.

Überprüfen Sie seine Aussagen, falls Ihnen etwas komisch vorkommt, oder erfragen Sie seinen Lebenslauf und versuchen Sie, seine Lügen zu entlarven. Ein weiteres Beispiel für das Ausnutzen des Autoritäten-Prinzips ist, wenn der Manipulator versucht, Ihren Chef vorzu-schieben, indem er behauptet: „Der Chef hat gesagt, …". Auch hier sollten Sie bei untypischen Bitten Ihren Chef persönlich darauf ansprechen. So kann im besten Fall der Manipulationsversuch gleich enttarnt wer-den.

**7. Selektive Informationsweitergabe**

Ein relativ häufig genutzte Manipulationstechnik ist das Weglassen oder auch das Hervorheben bestimmter Informationen. Haben Sie deswegen das Gefühl, dass Ihnen etwas vorenthalten wird, gehen Sie diesem nach. Versuchen Sie so weit wie möglich, sich eigene Informationen einzuholen und auch zu schau-en, welche Interessen Ihr Gegenüber vertritt. Ein möglicher Interessenkonflikt könnte Grund für das Weg-lassen relevanter Informationen sein.

**8. Überinformation**

Im Gegensatz zum Weglassen von Informationen besteht diese Manipulationsstrategie aus dem

Präsentieren eines Überangebots an Informationen.

Ihr Gegenüber versucht Sie so lange mit meist unwichtigen Informationen zu überschütten, dass Sie am Ende gar nicht mehr wissen, worum es eigentlich geht. Sollten Sie aus einem Gespräch mit zu vielen Informationen verwirrt nach Hause kommen, sollten Sie sich noch einmal genau fragen, was eigentlich das Ziel dieses Gesprächs sein sollte.

**9. Mitläufertum**

Wir Menschen haben das Bedürfnis, uns Gruppen anzuschließen. Was viele andere tun, wird schon richtig sein. Doch gerade da kann es gefährlich werden. Wer immer nur mitläuft und nicht hinterfragt, was andere tun, kann schnell manipuliert werden. Besonders sozialer Gruppenzwang sollte hier gemieden wer-den.

**10. Emotionale Erpressung**

Meist versucht der Manipulator, Sie bei dieser Taktik mit Gefühlen zu erpressen. Dabei stehen stark negativ und belastende Gefühle im Vordergrund. Meist gehen Menschen auf die Forderungen ein, um Konflikte zu vermeiden. Besonders in einer Partnerschaft wird diese Strategie oft angewandt, da hier eine emotionale Abhängigkeit besteht. Es werden oft Schuldgefühle bei

Ihnen erzeugt, Vorwürfe ausgesprochen und Drohungen geäußert.

Dies kann so weit führen, dass Sie eine Depression aus Ihren Schuldgefühlen heraus entwickeln. Achten Sie deswegen genau auf Vorwürfe und Drohungen Ihres Partners wie: „Wenn du mich wirklich lieben würdest, dann tust du so etwas nicht“, „Deinetwegen habe ich auf so vieles verzichtet ...", oder „Ich weiß nicht, ob ich noch mit dir zusammen sein kann, wenn du so etwas tust.“ Sie sollten diese Sprüche nicht über sich ergehen lassen, sondern mit Ihrem Partner auf Augenhöhe diese Vorwürfe besprechen und sich dem entgegensetzen.

Nicht jede Manipulation verfolgt eine böse Absicht. Manchmal kann zum Beispiel das Weglassen einer Information kein bewusst böses Motiv gehabt haben. Manipulationsstrategien werden in Verhandlungen häufig verwendet, um ein gewünschtes Ergebnis zu erreichen. Sollten Manipulationstechniken jedoch damit einhergehen, dass das Verletzen und Ausnutzen anderer Personen leichtfertig in Kauf genommen werden, um eigene Ziele zu erreichen, sollte dringend eingegriffen werden.

# TECHNIKEN DER PSYCHOLOGIE ANWENDEN

Nachdem Sie gelernt haben, wie Sie Manipulation und Lügen erkennen und entlarven können, werden Sie in diesem Kapitel erfahren, wie Sie selbst in Verhandlungs- oder Überzeugungsgesprächen Ihr Gegen-über von Ihren Argumenten überzeugen können. Sie werden nun lernen, wie Sie psychologische Techniken anwenden können, um Ihr Ziel zu erreichen. Achten Sie aber darauf, stets freundlich und sachlich zu bleiben.

**Verhandlungs- und Überzeugungstaktiken erlernen**

Überzeugungstaktiken lassen sich überall im Alltag finden. Meist machen sich Menschen Überzeugungstaktiken zunutze, wenn sie ein bestimmtes Ziel erreichen wollen und andere zum Erreichen des Ziels mit ins Boot holen wollen. Natürlich könnte man auch im Alleingang Entscheidungen treffen.

Doch sind wir Menschen Lebewesen, die nach sozial verträglichen Lösungen streben. So werden Sie zum Beispiel eher versuchen, Ihren Partner von der Anschaffung eines neuen Fernsehers überzeugen zu wollen, als diesen im Alleingang zu besorgen. Alles, was Sie für eine solche Überzeugungsarbeit benötigen, sind Taktiken und schlüssige Argumente. Laut dem Psychologen Noah Goldstein ist die Wirksamkeit der bewussten Anwendung von Überzeugungsstrategien wissenschaftlich belegt. Auch in Verhandlungsgesprächen kann es sinnvoll sein, Taktiken und Strategien zum Erreichen der eigenen Ziele anzuwenden. Besonders, wenn Sie erfolgreich verhandeln wollen, werden Sie um diese Techniken nicht herumkommen. Neben einem selbstbewussten Auftreten können folgende 10 Strategien Ihnen helfen, andere von Ihren Argumenten zu überzeugen. Andersherum können Sie anhand der vorgestellten Techniken auch erkennen, wann jemand versucht, Sie strategisch zu überzeugen.

**1. Gefühle kontrollieren**

Umso neutraler Sie bei einer Verhandlung auftreten, desto besser können Sie Ihr Gegenüber überzeugen. Auch offene und ehrliche Antworten sowie Humor lassen Sie überzeugender Auftreten.

Wenn Sie hin-gegen mit einem Manipulator oder einer Person mit dunklen Persönlichkeitseigenschaften verhandeln, sollten Sie sich bereits vorher genau überlegen, wie offen und ehrlich Sie Ihre Argumente präsentieren, denn Ihr Gegenüber wird weiterhin versuchen, Sie zu manipulieren.

**2. Machen Sie das erste Angebot.**

Wissenschaftliche Studien belegen, dass das erste Angebot während eines Gesprächs oder auch einer Verhandlung als Richtwert für die darauffolgenden Argumentationen und Angebote genutzt wird. Sie können dieses Wissen für sich ausnutzen, indem Sie zuerst argumentieren und den Richtwert so festlegen. Psychologen sprechen hier vom Ankereffekt.

**3. Machen Sie Komplimente.**

Auch in Überzeugungsgesprächen lieben es Menschen mit und ohne dunkle Persönlichkeitszüge, Komplimente und Lob zugesprochen zu bekommen. Besonders gut können Sie Komplimente bereits vor einem Überzeugungsgespräch für sich nutzen.

Erwarten Sie zum Beispiel von einer Person viel Verständnis für eine Situation, so können Sie bereits am Tag vorher damit anfangen, Ihren Gesprächspartner als sehr verständnisvoll zu bezeichnen. Die Wahrscheinlichkeit, dass Ihr Gesprächspartner am nächsten Tag Verständnis für Ihre Situation hat, steigt stark an.

**4. Kleine Schritte.**

Fallen Sie nicht gleich mit der Tür ins Haus. Wollen Sie Ihr Gegenüber von einer großen Veränderung überzeugen, fangen Sie erst einmal mit kleinen Schritten an. Die meisten Menschen mögen Veränderungen nicht, nehmen Sie ihm deswegen die Angst, indem Sie Ihr Gegenüber schrittweise an Ihr Ziel heranführen. Nutzen Sie das bereits vorgestellte „Fuß-in-der-Tür-Prinzip", indem Sie erst einen kleinen Gefallen erbitten und später dann den größeren.

**5. Stellen Sie Vergleiche an.**

Da wir Menschen Herdentiere sind, neigen wir dazu, uns von der Masse überzeugen zu lassen. Nutzen Sie diese Schwäche, indem Sie Vergleiche anstellen wie: „Meine Freundin hat sich auch einen neuen Fern-seher gekauft und ist sehr zufrieden damit." Vergleiche erhöhen die Wahrscheinlichkeit, Ihr Gegenüber zu überzeugen.

**6. Wenige Alternativen.**

Zeigen Sie in Verhandlungsgesprächen immer Alternativen auf. Der Mensch hat Angst vor Handlungs-unfähigkeit und braucht bei Kritik deswegen Handlungsalternativen. Sie müssen Auswege aus der Situation präsentieren.

Achten Sie dabei jedoch darauf, dass Sie konkrete und möglichst wenig Alternativen präsentieren. Ansonsten fühlt sich Ihr gegenüber überfordert und wird deutlich mehr Zeit brauchen, eine Entscheidung zu treffen. Studien haben gezeigt, dass, wenn Menschen zu viele Optionen angeboten bekommen, Sie die Entscheidung für die passende Option vertagen oder ganz vermeiden.

**7. Taktisches Schweigen.**

Kaum jemand erträgt in Gesprächen oder Verhandlungen Stille und Schweigen. Das können Sie sich zum Vorteil machen. Stellen Sie Ihre Forderung und schweigen Sie. Schauen Sie Ihrem Gegenüber in die Augen und warten Sie. Die meisten Menschen empfinden dies als sehr unangenehm und werden versuchen, die Stille zu durchbrechen. Doch bleiben Sie hart. Reagieren Sie nicht auf Widerstand, sondern wiederholen Sie Ihre Forderung. Ihr Gegenüber wird versuchen, Ihr Schweigen wieder mit Rechtfertigungen zu durch-brechen. Im Verlauf wird es immer schwächere Argumente benutzen, um die Stille zu durchbrechen. Alles, was Sie tun müssen, ist abzuwarten und seine schwachen Argumente am Ende zu entkräften.

**8. Erzeugen Sie Schuldgefühle.**

Wie auch geschickte Manipulatoren versuchen, Schuldgefühle bei anderen zu erzeugen, um ihren Willen durchzusetzen, können auch Sie diese Technik nutzen. Versuchen Sie zum Beispiel, in Verhandlungen die Forderungen Ihres Gegenübers ins Extreme zu überziehen.

Übertreiben Sie ruhig und machen Sie ihm ein schlechtes Gewissen durch seine eigenen Forderungen. Sie könnten zum Beispiel als Führungskraft sagen: „Wenn jeder so viel Urlaub nehmen würde wie Sie, dann wäre niemand mehr für unsere Kunden da und wir könnten den Laden schließen."

**9. Präsentieren Sie nicht alle starken Argumente sofort.**

Achten Sie darauf, dass Sie Ihre Verhandlung mit einem starken Argument beginnen. Sparen Sie sich ein genauso starkes Argument auf, bis Sie im Verlauf merken, dass Ihr Gesprächspartner langsam müde wird. Präsentieren Sie nun noch ein neues starkes Argument, wird Ihr Gegenüber schneller einknicken und Ihnen Zugeständnisse machen.

**10. Achten Sie auf das Ende.**

Versuchen Sie, bis zum Ende hin konzentriert zu verhandeln. Nutzen Sie auch nach einer Einigung die letzten Minuten des Gesprächs noch einmal für Ihre Forderungen. Stellen Sie am Ende noch einmal alles infrage und fügen Sie eine weitere Forderung hinzu. Ihr Gesprächspartner wird müde und lustlos sein und dementsprechend vorschnell Ihrer neuen Forderung ebenfalls nachgeben.

Mithilfe der vorgestellten Überzeugungs- und Verhandlungstaktiken wird Ihnen so schnell wahrscheinlich niemand mehr etwas abschlagen. Achten Sie jedoch darauf, Ihrem Gesprächspartner gegenüber nicht gemein oder gehässig aufzutreten. Wenden Sie die Gesprächstechniken an und halten Sie sich dabei an Ihre moralischen Grundsätze und Grenzen. Die Techniken sind individuell im Gespräch einsetzbar. Sie sollten jedoch darauf achten, was das vorrangige Ziel Ihres Gesprächs ist.

Wollen Sie Ihren Partner von einer neuen Wandfarbe im Schlafzimmer überzeugen oder wollen Sie mit Ihrem Chef um mehr Geld verhandeln? Unter-schiedliche Zielsetzungen erfordern unterschiedliche Herangehensweisen. Achten Sie darauf, sich genügend auf eine Verhandlung vorbereiten zu können und vermeiden Sie deswegen kurzfristige Verhandlungstermine.

So lassen Sie sich nicht von Ihrem Gegenüber überrumpeln und können bestimmt Entscheidungen treffen. Generell gilt, halten Sie während eines Gesprächs immer Blickkontakt, treten Sie selbstsicher auf und seien Sie sich auch dem Ausmaß Ihrer Taten bewusst. Machen Sie beispielsweise jemandem ein schlechtes Gewissen, um Ihr Ziel zu erreichen, sollten Sie sich vorher bewusst sein, dass Sie dies mit Ihren persönlichen moralischen Vorstellungen vereinbaren können. Treten Sie immer freundlich und sympathisch auf und haben Sie keine Angst, gezielt nachzufragen, falls etwas unklar sein sollte. Setzen Sie Ihre Sprache gezielt ein, denn sie macht meist einen großen Teil des Erfolgs aus.

## WAS SIE NUN ALLES GELERNT HABEN

Ich hoffe, Sie haben in diesem Ratgeber gefunden, wonach Sie gesucht haben und dass er Ihre Erwartungen erfüllen konnte. Sie haben gelernt, was eine dunkle Persönlichkeit ausmacht und wie Sie diese er-kennen. Sie können nun Lügen und Manipulationstechniken durchschauen und entlarven. Sie wissen, wie Sie einer Person mit dunklen Charaktereigenschaften gegenübertreten sollten und was Sie in der sozialen Interaktion auch besser vermeiden sollten. Halten Sie, wenn möglich, Abstand und lassen Sie sich nicht auf die Spielchen ein. Denn, obwohl Sie nun über ein umfangreiches Wissen verfügen, sind dunkle Persönlichkeiten Meister der Täuschung und werden einen Weg finden, Ihnen zu schaden.

Sollte eine Person in Ihrem Umkreis Anzeichen einer Persönlichkeitsstörung aufweisen, zögern Sie nicht, diese behutsam darauf anzusprechen und gemeinsam nach einer möglichen Entlastung zu suchen. Binden Sie sich jedoch keinen Klotz ans Bein. Man kann Menschen mit einer Persönlichkeitsstörung ohne professionelle Hilfe meist nur schwer helfen. Achten Sie auf sich und Ihre Gesundheit und lernen Sie, auch mal „Nein" zu sagen. Auch Sie können anhand der vorgestellten Überzeugungs- und Verhandlungstechniken erfolgreich Gespräche führen und Ihre Ziele durchsetzen. Natürlich hängt dies auch immer von den gegebenen Umständen der Situation ab.

Dennoch können Sie versuchen, bei Ihrem nächsten Gespräch ein oder auch zwei Strategien anzuwenden, um dem gewünschten Ergebnis einen Schritt näherzukommen.

Herstellung und Verlag:
BoD – Books on Demand, Norderstedt
ISBN: 9783753473550



1. Auflage
Kontakt: Psiana eCom UG/ Berumer Str. 44/ 26844 Jemgum
Covergestaltung: Fenna Larsson
Coverfoto: depositphotos.com